AF361118

LA CONSTITUTION

EN VAUDEVILLES,

ALMANACH CIVIQUE,

POUR L'ANNÉE 1792.

LA
CONSTITUTION
EN VAUDEVILLES,

Suivie des DROITS DE L'HOMME, DÈ
LA FEMME & de plusieurs autres
vaudevilles constitutionnels.

Par M. MARCHANT.

A PARIS,

Chez les LIBRAIRES ROYALISTES.

1792.

ÉPITRE DÉDICATOIRE

A MM. LES ÉMIGRÉS.

MESSIEURS,

La Constitution, décrétée par l'Assemblée nationale, vous a fait fuir du Royaume, la Constitution en vaudevilles ne vous y fera pas rentrer ; cependant j'ose vous dédier cette dernière, persuadé que puisqu'on ne peut se passer de Constitution, vous préférerez encore la constitution qui fait rire à celle qui fait fuir, et que même vous pourrez la chanter en attendant le jour où vous rentrerez en France, pour dire librement votre façon de penser sur la constitution décrétée par l'Assemblée nationale, et endossée par le Roi.

Je suis en attendant le plaisir de vous revoir bien-tôt,

Votre très - humble et très-obéissant serviteur et compatriote L'Editeur de la Constitution en vaudevilles.

DES ECLIPSES.

Il y aura cette année deux Eclipses de Soleil, dont une sera visible à Paris.

La première Eclipse de soleil, du 22 Mars, invisible à Paris, sera centrale et annulaire au lever du Soleil par 152 deg. de longitude occidentale de Paris, et 14 degrés 44 minutes de latitude australe.

La seconde Eclipse de Soleil, du 16 Septembre, visible à Paris, commencera à 7 heures 43 minutes du matin, et finira à 8 heures 10 minutes 15 secondes.

JANVIER.

 Prem. quart. le 1 à 4 heures 30 minu. du matin.

Pleine lune le 9, à 9 heures 13 minutes du matin.

1 | *Dim. La Circoncision.*
2 | lundi s. Basile, Evêque.
3 | mardi *Ste. Genevieve, V.*
4 | merc. s. Rigobert, Evêq.
5 | jeudi s. Siméon Stylite.
6 | vend. L'Epiphanie.
7 | sam. s. Theau, Solitaire.
8 | *I. Dim.* s. Lucien, E. & M.
9 | lundi s. Pierre, Evêque.
10 | mardi s. Paul, 1 Hermite.
11 | merc. s. Lydin, Pape.
12 | jeudi s. Arcade, Martyr.
13 | vend. Le Bapt. de N. S.
14 | sam. s. Hilaire, Evêque.
15 | *II. Dim.* s. Maur, Abbé.
16 | lundi s. Guillaume, Evêque.

JANVIER.

 Dern. quart. le 17 à 2 h. 13 minutes du soir.

 Nouv. lune le 22 à 5 heur. 36 minutes du soir.

 Prem. quart. le 30 à 11 h. 10 minu. du soir.

17	mardi s. Antoine, Abbé.
18	merc. la Chaire s. Pierre.
19	jeudi s. Sulpice, Evêque.
20	vend s. Sébastien.
21	sam. ste Agnès, V. & M.
22	*III. D.* s. Vincent, Martyr.
23	lundi s. Ildefonce, Evêque.
24	mardi s. Babylas, Evêque.
25	merc. Conv. de s. Paul.
26	jeudi ste Paule, Veuve.
27	vend. s. Julien, Evêque.
28	sam. s. Cyrille, Pape.
29	*IV D.* s. François de Sales.
30	lundi ste Bathilde, Reine.
31	mardi ste Marcelle.

FÉVRIER.

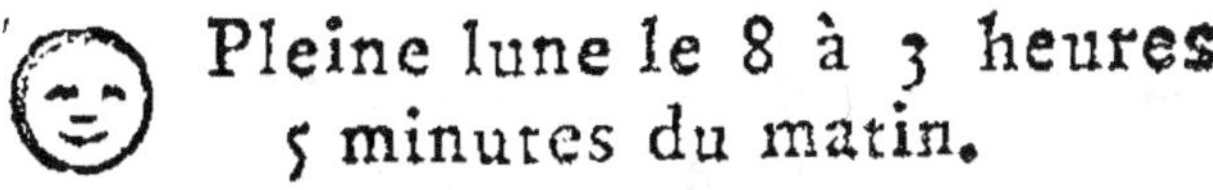 Pleine lune le 8 à 3 heures
5 minutes du matin.

Dernier quartier le 15 à
midi.

1 merc. s. Ignace, Evêque.
2 jeudi LA PURIFICATION.
3 vend. s Blaise, Martyr.
4 fam. s. Philéas , Evêque.
5 *Dimanche Septuagéfime.*
6 lundi s. Vaft , Evêque.
7 mardi s. Romuald.
8 merc. s. Jean de Matha.
9 jeudi ste Appolline, Vierge.
10 vend. ste Scholaftique.
11 fam. s. Severin , Abbé.
12 *Dimanche Sexagéfime.*
13 lundi s. Lezin , Evêque.
14 mardi s. Valentin.
15 merc. ss. Fauftin , &c.

FÉVRIER.

 Nouv. lune le 22 à 5 heures
13 minutes du matin.

 Prem. quart. le 29 à 7 h. 33
minutes du soir.

16 jeudi ste Julienne, Vierge.
17 vend. s. Silvain.
18 sam. s. Siméon, Evêque.
19 *Dimanche Quinquagésime.*
20 lundi s. Eucher, Evêque.
21 mardi s. Flavien.
22 merc. *Les Cendres.*
23 jeudi s. Damien.
24 vend. les cinq Plaies de N. S.
25 sam. s. Mathias, Apôtre.
26 *I. Dimanche Quadragésime.*
27 lundi s. Porphyre.
28 mardi ste Honorine.
29 merc. *Quatre-Tems.*

EPACTE VI.

M A R S.

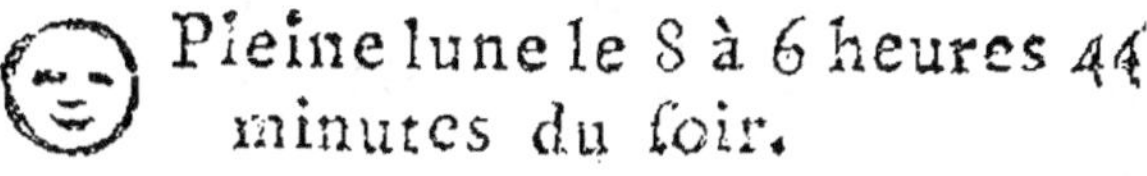

Pleine lune le 8 à 6 heures 44 minutes du soir.

Dern. quart. le 15 à 7 h. 13 minutes du soir.

1 |jeudi s. Aubin , Evêque.
2 |vend. s. Simplice.
3 |fam. ste Cunegonde.
4 |*II. Dimanche. Reminiscere,*
5 |lundi s. Drausin , Evêque.
6 |mardi s. Godegrand.
7 |merc. ste Perpétue.
8 |jeudi s. Jean de Dieu.
9 |vend. ste Françoise.
10 |fam. s. Doctrovée , Abbé,
11 |*III. Dimanche. Oculi.*
12 |lundi s. Pol, Evêque.
13 |mardi ste Euphrasie.
14 |merc. s. Lubin , Evêque.
15 |jeudi s. Zacharie , Pape.
16 |vend. s. Abraham,

MARS.

 Nouvelle lune le 22 à 5 h.
59 minutes du soir.

 Premier quartier le 30 à 3 h.
45 minutes du soir.

17 | sam. ste Gertrude, Vierge.
18 | *IV. Dimanche. Lætare.*
19 | lundi s. Joseph, Patr. *Pr.*
20 | mardi s. Joachim.
21 | merc. s. Benoît, Abbé.
22 | jeudi s. Epaphrodite.
23 | vend. s. Victorien, *&c.*
24 | sam. s. Simon, Martyr.
25 | *V. Dimanche. La Passion.*
26 | lundi L'ANNONCIATION.
27 | mardi s. Ruppert.
28 | merc. s. Gontran, Roi.
29 | jeudi s. Eustafe, Abbé.
30 | vend. la Compassion.
31 | sam. s. Acace, Evêque.

AVRIL.

 Pleine lune le 7 à 7 h. 31 m. du matin.

Dern. quart. le 14 à 1 h. 25 minutes du matin.

1 *VI. Dim. Les Rameaux.*
2 lundi s. François de Paule.
3 mardi s. Richard.
4 merc. s. Ambroise, Evêque.
5 jeudi s. Vincent.
6 *Vendredi Saint.*
7 sam. s. Hégésipe.
8 *Dimanche.* PASQUES.
9 *lundi* ste Marie Egyptienne.
10 *mardi* s. Macaire.
11 merc. s. Léon, Pape.
12 jeudi s. Jules, Pape.
13 vend. ste Herménégilde.
14 sam. s. Tiburce
15 *I. Dimanche. Quasimodo.*

AVRIL

 Nouv. lune le 21 à 7 heures 45 minutes du matin.

 Prem. quart. le 29 à 10 h. 11 minutes du matin.

16 lundi s. Fructueux.
17 mardi s. Anicet, Pape.
18 merc. s. Parfait, Prêtre.
19 jeudi s. Elphege.
20 vend. ste Hildegonde.
21 sam. s. Anselme, Evêque.
22 *II. Dimanche.* ste Opportune.
23 lundi s. Georges, Martyr.
24 mardi ste Beuve.
25 merc. s. Marc, Evan. *Abstin.*
26 jeudi s. Clet, Pape.
27 vend s. Policarpe, Evêque.
28 sam. s. Vital, Martyr.
29 *III. Dimanche.* s. Robert, Abbé.
30 lundi s. Eutrope, Evêque.

M A I.

 Pleine lune le 6 à 5 heures 25 minutes du foir.

 Dernier quartier le 13 à 7 heures 53 minutes du mat.

1	mardi s. Jacques s. Philip.
2	merc. s. Athanafe, Evêque.
3	jeudi L'Invent. de ste Croix.
4	vend. ste Monique, Veuve.
5	fam. Converfion de s. Auguft.
6	*IV. Dim. s. Jean P. Latin.*
7	lundi s. Sraniflas, Evêque.
8	mardi s. Défiré, Evêque.
9	merc. s. Grégoire de Naziance.
10	jeudi s. Gordien.
11	vend. s. Mammert, Evêque.
12	fam. s. Nérée, Martyr.
13	*V. Dim. s. Servais, Evêque.*
14	lundi *Les Rogations.*
15	mardi s. Ifidore.
16	merc. s. Honoré, Evêque.

M A I.

 Nouvelle lune le 20 à 10 h.
8 minutes du soir.

Premier quartier le 29 à 1 h.
52 minutes du matin.

17 jeudi. L'ASCENSION.
18 vend. s. Eric, Roi.
19 fam. s. Yves, Prêtre.
20 *VI. Dim.* s. Auftrégéfile.
21 lundi s. Hofpice.
22 mard. ste Julie, Vierge.
23 merc. s. Didier, Evêque.
24 jeudi s. Donatien.
25 vend. s. Urbain, Pape.
26 fam. *Vigile-Jeûne.*
27 *Dim.* LA PENTECOSTE
28 lundi s. Germain, Evêque de P.
29 mardi s. Maximin.
30 merc. *Quatre-Tems.*
31 jeudi ste Pétronille.

JUIN.

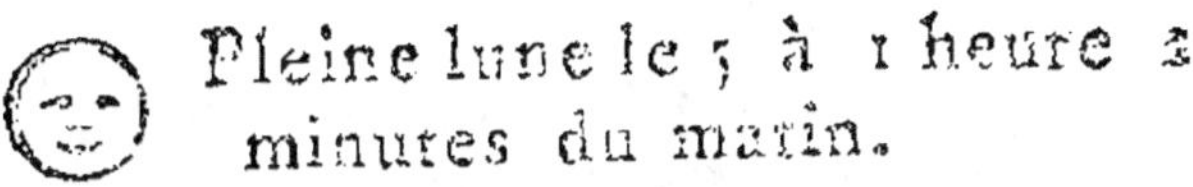 Pleine lune le 5, à 1 heure 2 minutes du matin.

Dern. quart. le 11 à 3 heures 43 minutes du soir.

1 vend. s. Pamphile.
2 fam. s. Pothin.
3 *I. Dimanche. La Trinité.*
4 lundi s. Optat, Evêque.
5 mardi s. Boniface, Evêque.
6 merc. s. Norbert, Evêque.
7 jeudi FÊTE-DIEU.
8 vend. s. Medard, Evêque.
9 fam. s. Prime.
10 *II. Dim.* s. Landry, Evêque.
11 lundi s. Barnabé, Apôtre.
12 mardi s. Basilide.
13 merc. s. Antoine de Pade.
14 jeudi Octave Fête-Dieu.
15 vend. s. Gui, Martyr.

U I N.

 Nouv. lune le 19 à o heure
52 minutes du soir.

Prem. quart. le 27 à 2 heures
27 minutes du soir.

16 | fam. ss. Fargeau & Fergeon.
17 | *III. Dim.* s. Avit, Abbé.
18 | lundi ste Marine, Vierge.
19 | mardi s. Gervais & s. Protais.
20 | lundi s. Silvere, Pape. L'ÉTÉ.
21 | jeudi s. Leufroy, Abbé.
22 | vend. s Paulin, Evêque.
23 | fam. *Vigile Jeûne.*
24 | *IV. Dim. Nat.* de S. Jean-Bapt.
25 | lundi s. Profper.
26 | mardi s. Babolein, Abbé.
27 | merc. s. Ladiflas, Roi.
28 | jeudi *Vigile Jeûne.*
29 | vend. *s. Pierre, s. Paul.*
30 | fam. Commémor. de s. Paul.

JUILLET.

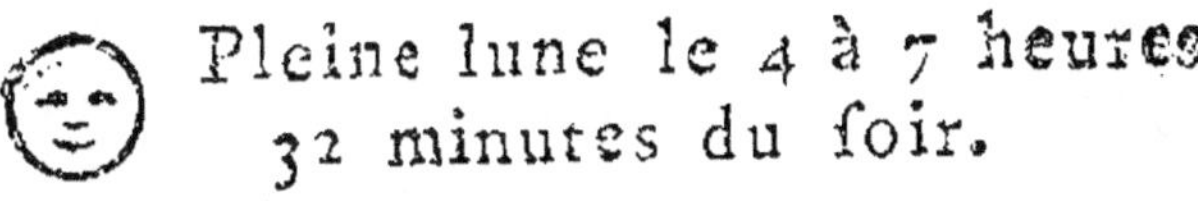 Pleine lune le 4 à 7 heures 32 minutes du soir.

Dern. quart. le 11 à 1 h. 55 minutes du matin.

1 *V. Dimanche.* s. Martial, Ev.
2 lundi La Visitation de la V.
3 mardi s. Anatole , Ev.
4 merc. Transl. de s. Martin.
5 jeudi s. Zoé , Mart.
6 vend. s. Tranquillin , M.
7 sam. s. Aubierge.
8 *VI. Dim.* ste Elisabeth , R.
9 lundi s. Cyrille , Evêque.
10 mardi ste Félicité.
11 merc. s. Benoît , Abbé.
12 jeudi s. Gualbert.
13 vend. s. Turiaf , Evêque.
14 sam. s. Bonaventure , Ev.
15 *VII. Dim.* s. Henry , Emp.
16 lundi s. Eustate , Evêque.

JUILLET.

 Nouvelle lune le 19 à 3 h.
50 minutes du matin.

Premier quartier le 27 à o h.
7 minutes du matin.

17 mardi s. Sperat, & ses C.
18 merc. s. Thomas d'Aquin.
19 jeudi s. Vincent de P.
20 vend. ste Marguerite.
21 sam. s. Victor, Martyr.
22 *VIII. Dim.* ste Marie Madel.
23 lundi s. Apollinaire, Ev.
24 mardi ste Christine.
25 merc. s. Jacques le Maj.
26 jeudi s. Christophe.
27 vend. s. Georges.
28 sam. ste Anne, s. Joach.
29 *IX. Dim.* s. Loup, Evêque.
30 lundi s. Ignace de Loyola.
31 mardi s. Germain d'Auxerre.

AOUST.

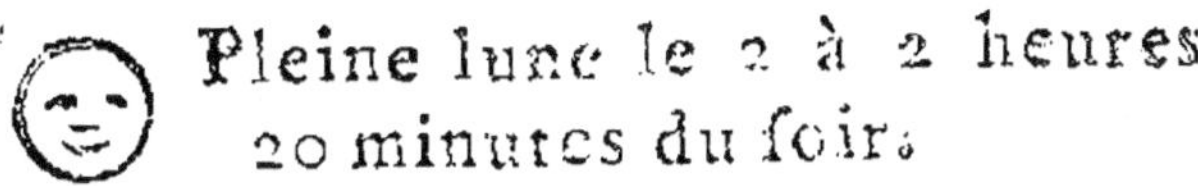
Pleine lune le 2 à 2 heures
20 minutes du soir.

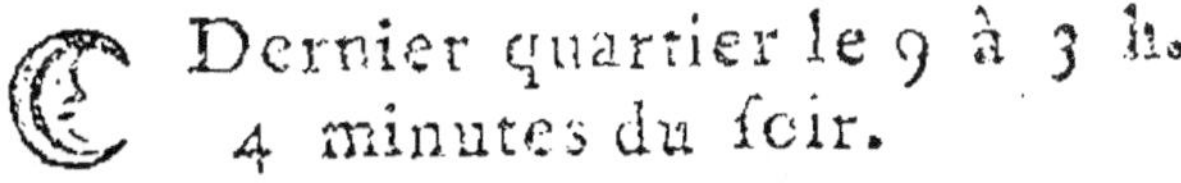
Dernier quartier le 9 à 3 h.
4 minutes du soir.

1	merc. s. Pierre aux Liens.
2	jeudi s. Etienne, Pape.
3	vend. Invention de s. Etienne.
4	fam. s. Dominique.
5	*X. D.* Suf. de la sre Cr.
6	lundi Transfiguration de N. S.
7	mardi s. Géatan.
8	merc. s. Juftin, Martyr.
9	jeudi s. Romain, Martyr.
10	vend. s. Laurent, Martyr.
11	fam. Sufc. de la C. d'Epine.
12	*XI. D.* ste Claire, Vierge.
13	lundi s. Hyppolite.
14	mardi *Vigile-Jeûne.*
15	merc. *Affomp. de la Vierge.*
16	jeudi s. Roch, Confeffeur.

A O U S T.

 Nouvelle lune le 17 à 6 h.
50 minutes du soir.

 Premier quartier le 25 à 7 h.
35 minutes du matin.

 Pleine lune le 31 à 10 heures
38 minutes du soir.

17| vend. s. Mammès, Martyr.
18| fam. ste Hélène, Impératrice.
19| XII. D. s. Louis, Evêque.
20| lundi s. Bernard, Abbé.
21| mardi s. Privat, Evêque.
22| merc. s. Symphorien, M.
23| jeudi s. Sidoine, Evêque.
24| vend. s. Barthelemi, Apôtre.
25| fam. *S. Louis, Roi de F.*
26| XIII. D. s. Zéphirin, Pape.
27| lundi s. Céfaire, Evêque.
28| mardi s. Augustin, Evêque.
29| merc. la Décolat. de s. J-B.
30| jeudi s. Fiacre, Solitaire.
31| **vend. s. Médéric, Abbé.**

SEPTEMBRE.

 Dernier quartier le 8 à 7 h.
18 minutes du matin.

 Nouvelle lune le 16 à 9 h.
27 minutes du matin.

1	fam. s. Leu, Evêque.
2	*XIV. D.* s. Lazare, reffufcité.
3	lundi s. Grégoire, Pape.
4	mardi s. Marcel, Mart.
5	merc s. Bertin, Abbé.
6	jeudi s. Onéfipe.
7	vend. s. Cloud, Prêtre.
8	fam. *La Nativité de la Vierge.*
9	*XV. D.* s. Omer, Evêque.
10	lundi s. Nicolas de Tolentin.
11	mardi s. Patient, Evêque.
12	merc. s. Serdot, Evêque.
13	jeudi s. Maurille, Ev.
14	vend. Exalt. de ste Croix.
15	fam. s. Corneille.

SEPTEMBRE.

☽ Premier quartier le 23 à 1 h. 57 minutes du foir.

☺ Pleine lune le 30 à 9 heures 15 minutes du matin.

16 | *XVI. Dim.* s. Cyprien, E.
17 | lundi s. Lambert, Evêque.
18 | mardi s. Jean Chryfoftôme.
19 | merc. *Quatre-Tems.*
20 | jeudi s. Euftache.
21 | vend. s. Mathieu, Apôtre.
22 | fam. s. Maurice. *Aut.*
23 | *XVII. Dim.* ste Thecle, V.
24 | lundi s. Andoche, Prêtre.
25 | mardi s. Firmin, Ev.
26 | merc. ste Sophie.
27 | jeudi s. Côme, s. Damien, M.
28 | vend. s. Ceran, Evêque.
29 | fam. s. Michel, Archange.
30 | *XVIII. D.* s. Jerôme, Prêtre.

OCTOBRE.

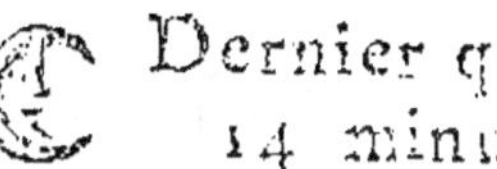 Dernier quartier le 8 à 2 h. 14 minutes du matin.

Nouvelle lune le 15 à 11 h. 5 minutes du soir.

1	lundi s. Remy, Evêque.
2	mardi Les ss. Anges. G.
3	merc. s. Denis l'Aréopag, A.
4	jeudi s. François d'Assise.
5	vend. ste Aure, Vierge.
6	sam. s. Bruno, Inst. des Chart.
7	XIX. D. s. Serge, s. Braque.
8	lundi s. Demetre, Martyr.
9	mardi S. Denis, Evêq.
10	merc. s. Géron, Martyr.
11	jeudi s. Nicaise, Ev.
12	vend. s. Viltrid, Ev.
13	sam. s. Gérand, Comte.
14	XX. D. s. Calliste, Pape.
15	lundi ste Thérese, Vierge.
16	mardi s. Gal, Abbé.

OCTOBRE.

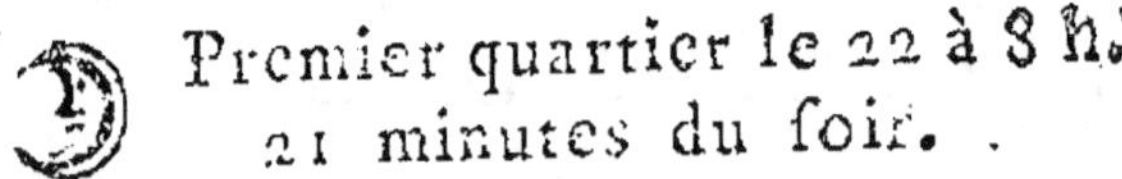 Premier quartier le 22 à 8 h.
21 minutes du soir. .

Pleine lune le 29 à 10 heures
32 minutes du soir.

17 merc. s. Cerbonnet, Evêq.
18 jeudi s. Luc, Evan.
19 vend. s. Savinien, Evêque.
20 sam. s. Sendou, Prêtre.
21 XXI. D. ste Urfule, V. M.
22 lundi s. Mellon, Ev.
23 mardi s. Hylarion, Abbé.
24 merc. s. Magloire, Ev.
25 jeudi ss. Crépin, Crépini. M.
26 vend. s. Ruftique.
27 sam. s. Frumence, Evêq.
28 XXII. D. ss. Simon, Jude, A.
29 lundi s. Faron, Evêque.
30 mardi s. Lucain, Martyr.
31 merc. *Vigile Jeûne.*

NOVEMBRE.

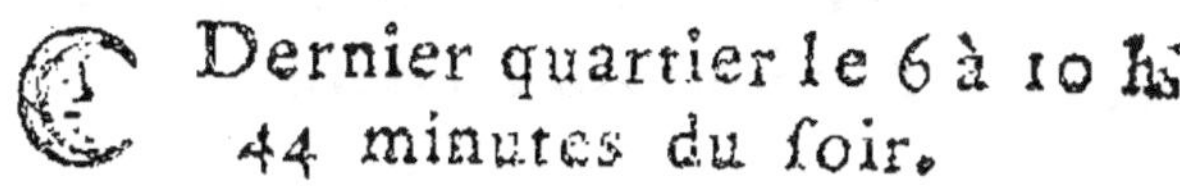 Dernier quartier le 6 à 10 h̃
44 minutes du soir.

 Nouvelle lune le 14 à 11 h.
25 minutes du matin.

1	jeudi LA TOUSSAINT.
2	vend. *Les Morts.*
3	fam. s. Marcel , Ev.
4	*XXIII D.* s. Charles, Archev.
5	lundi ste Bertille , Abbeffe.
6	mardi s. Léonard , Soli.
7	merc. s. Willebrod.
8	jeudi Les faintes Reliques.
9	vend. s. Mathurin , Prêtre.
10	fam. s. Léon , Ier Pape.
11	*XXIV. D.* s. Martin , Evêque.
12	lundi s. Vrain , Evêque.
13	mardi s. Brice , Evêque.
14	merc. s. Maclou.
15	jeudi s. Eugene , M.

Premier quartier le 21 à 4 h. 1 minute du matin.

Pleine lune le 28 à 2 heures 24 minutes du soir.

16	vend. s. Eucher, Evêq.
17	fam. s. Agnan, Evêque.
18	*XXV. D.* ste Aude, Vierge.
19	lundi ste Elifabeth, V.
20	mardi s. Edmon, Roi.
21	merc. Préfentation de la V.
22	jeudi ste Cécile, Vierge.
23	vend. s. Clément, Pape.
24	fam. s. Severin, Solitaire.
25	*XXVI. D.* ste Catherine, V.
26	lundi ste Genevieve des A.
27	mardi s. Vital, Martyr.
28	merc. s. Softêne.
29	jeudi s. Saturnin.
30	vend. s. André, Apôtre.

DÉCEMBRE.

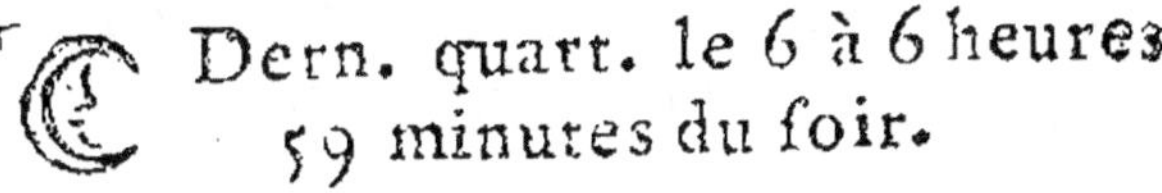 Dern. quart. le 6 à 6 heures 59 minutes du foir.

Nouvelle lune le 13 à 10 h. 35 minutes du foir.

 1 | fam. s. Eloi, Ev.
 2 | *I. Dim. de l'avent.*
 3 | lundi s. Mirocle, Ev.
 4 | mardi ste Barbe, V. M.
 5 | merc. s. Sabas, Abbé.
 6 | jeudi s. Nicolas, Ev.
 7 | vend. ste Fare, Vierge.
 8 | fam. *La Concept. de la V.*
 9 | *II. D.* ste Gorgonie.
10 | lundi ste Valere, V.
11 | mardi s. Fufcien, Mart.
12 | merc. s. Damafe, Pape.
13 | jeudi ste Luce, V. M.
14 | vend. s. Nicaife.
15 | fam. s. Maximin, Abbé,
16 | *III. D.* ste Adelaïde,

DÉCEMBRE.

Premier quartier le 20 à 1 h. 55 minutes du soir.

Pleine lune le 28 à 8 heures 25 minutes du matin.

17 lundi ste Olympiade, V.
18 mardi s. Gatien, Évêque.
19 merc. *Quatre-Tems.*
20 jeudi s. Philogone.
21 vend. s. Thomas, A. *Hiv.*
22 sam. s. Ischirion.
23 *IV. Diman.* ste Victoire.
24 lundi *Vigile-Jeûne.*
25 mardi NOEL.
26 merc. *S. Etienne, prem. M.*
27 jeudi *S. Jean l'Ev. Apôtre.*
28 vend. Les ss. Innocens, M.
29 sam. s. Thomas de Cant.
30 *Dim.* ste Colombe, V.
31 lundi s. Silvestre, Pape.

LES QUATRE SAISONS.

DU PRINTEMS.

LE commencement de cette Saison arrivera le 9 Mars, à 9 heures 31 minutes 30 secondes du soir.

DE L'ÉTÉ.

Cette Saison commencera le 20 Juin, à 7 heures 28 min. 30 sec, du soir.

DE L'AUTOMNE.

Le commencement de l'Automne arrivera le 22 Septembre, à 9 h. 13 min. 30 sec. du matin.

DE L'HIVER.

L'Hiver commencera le 21 Décembre à 1 h. 43 m. 35 sec, du m,

LA
CONSTITUTION
En vaudevilles législatifs.

AVERTISSEMENT.

COMME ma qualité de citoyen passif m'engage à faire quelque chose pour la nation, je ne crois pouvoir rien faire qui lui soit plus agréable que de mettre sa consstitution en vaudevilles. Par ce moyen elle se trouvera à la portée de tout le monde ; ceux qui ne l'auroient jamais lue la chanteront, s'il est vrai qu'on chante

ce qui ne vaut pas la peine d'être
lu. Ce n'est point à moi à faire
ici l'éloge de mon ouvrage ; il me
suffira de dire que j'ai tâché de
réunir l'agréable à l'utile le plus
qu'il m'a été possible, et je crois
avoir réussi dans mon projet. Le
citoyen et la citoyenne, en chan-
tant dans un cercle ou dans un
boudoir *la déclaration des droits
de l'homme* ou *l'ordre judiciai-
re*, s'instruiront en s'amusant,
avantage qu'ils n'avoient point
avec leurs ci-devant chansons ba-
chiques et leurs romances langou-
reuses. Enfin si, comme on l'a dit,
tout finit par des chansons, et si,
par un de ces évènemens que la sagesse humaine ne peut prévoir, la

constitution française devenoit un
ouvrage inutile, la mienne pour-
roit se chanter, tandis que celle
de l'assemblée nationale ne trou-
veroit pas un lecteur. En attendant le triomphe d'une de ces
deux constitutions sur l'autre, je
vais présenter la mienne à ma
section, où j'espère qu'elle me
tiendra lieu de don patriotique
et de contribution mobilière.

Déclaration des droits de l'homme et du citoyen.

Air : *Tous les hommes sont bons.*
(du Déserteur)

Ou sensés ou nigauds,

Les hommes sont égaux,
A la qualité près.
Les Français ,
Les Anglais ,
Les Lapons ,
Les Hurons
Et les Suisses ,
Ont les mêmes passions ,
Mêmes inclinations ,
Mêmes vices.

Air : *Vive le vin , vive l'amour.*

Ils sont tous indistinctement
Fils d'un papa , d'une maman.
Peupler et cultiver la terre ,
Voilà quel est leur ministère ;
Mais tous n'ont pas l'heureux ta-
lent

De pouvoir faire également
Tout ce qu'on a fait pour les faire.

Abolition de la Noblesse.

Air : *De la croisée.*

Comme en tout ce que nous fai-
sons
On ne voit ni grandeur ni noblesse,
Pour cause nous abolissons
Un ordre dont l'éclat nous blesse.
Le mot noble même devroit
Etre exclu du dictionnaire,
Quand rien n'est moins noble en
effet
Que ce qu'on nous voit faire.

*Abolition des cordons rouges,
bleus , etc.*

Air: *Accompagné de plusieurs autres.*

Nous réformons tous les cordons,
Mais cependant nous prévenons
Que le cordon gris est des nôtres,
Car un jour ce charmant licou
Pourra fort bien orner le cou
De Gorsas et de plusieurs autres.

Abolition des vœux Religieux.

Air : *La nuit et le jour.*

Les gentilles nonains ,
Fuyant leur monastère ,
Avec les capucins

A présent pourront faire
L'amour
La nuit et le jour.

*Admission de tous les citoyens
aux places et emplois quel-
conques.*

Air : *Triste raison, j'abjure ton empire.*

Les citoyens, par leur serment civique,
Au plus haut poste ont tous un
droit égal ;
Le savetier, délaissant sa manique,
peut devenir évêque, ou général.

Air : On compteroit les diamans.

Nous allons la France infecter
D'emplois brillans et subalternes;
Il faudra, pour les mériter,
Avoir orné quelques lanternes ;
Et pour les emplois les plus hauts
Il faut savoir chiffrer, écrire.
Mais, pour être garde des sceaux,
Il suffira de savoir lire.

*Punition égale pour tous les
délits, sans aucune distinc-
tion.*

*Air : En jupon court , en blanc
corset.*

De notre autorité divine
Mêmes crimes , mêmes délits

Par l'agréable guillotine
Seront également punis.

Air : *Nous sommes précepteurs
d'amour.*

Il n'est pas besoin de témoins
Pour juger un aristocrate ,
Mais il en faudra trente au moins
Pour condamner un démocrate.

*Exercice libre de toutes les
religions.*

Air : *Ce fut par la faute du sort.*

Tous les cultes seront permis ;
Et même celui de Moïse ;
De Mahomet le paradis
Sera vanté dans mainte église.

Comme à présent dans ces cantons
D'être conséquent l'on se pique ,
De toutes ces religions
Nous exceptons la catholique.

Pleine liberté à tout homme
d'aller, de rester , de partir,
sans pouvoir être arrêté.

Air : *Ah ! que je sens d'impatience.*
(d'Azémia)

Notre divin aréopage
Dans sa sagesse décréta
Que chaque François en voyage
Peut aller, lorsqu'il lui plaira.
　Avec gentille amie
　On fuit de sa patrie ,
Car c'est un grand plaisir que
　celui-là

Soudain un district en furie
Vous arrête et vous dit comm'ça :
  Coquin , reste-là ;
  Où vas-tu comm'ça ?
  Si tu fais un pas ,
  Tu cours au trépas.
  Donne-nous ton or
  Et ton passeport.
  Oui-dà , oui-dà , oui-dà.
Voyage (*bis*) à présent qui voudra,
  Voyage qui voudra ! (*bis*).

Liberté à tout homme de par-
  ler , d'écrire et d'imprimer
  ses pensées.

Air : *des Trembleurs.*

A présent dans cet empire

On peut tout faire & tout dire,
Tout imprimer, tout écrire,
Car nous l'avons décrété ;
Mais de notre pétaudiere
Qu'un détracteur trop sévère
Veuille nous jeter la pierre,
Soudain il est arrêté.

Division du Royaume.

Air : *Philis demande son portrait.*

Comme on devoit tout restaurer
    Dans ma triste patrie,
Il a fallu régénérer
    Notre géographie.
Quatre-vingt-trois départemens
    Coûteront moins, je pense,
Que trente-trois gouvernemens
    Qui partageoient la France.

Suite de l'article précédent.
Qualités requises pour être
citoyen français , et com-
ment on en perd le titre.

Air : *Paris est au roi.*

De plus nous avons
Districts et cantons ,
Municipalités ,
Clubs et comités ,
Des divisions ,
Et des sections,
Et des bataillons
Armés de canons.

Mais pour être
Ou paroître
Citoyen de ce pays,

Dans la France
La naissance
Il faut avoir pris,
Tel est notre avis.

Mais un étranger,
Lorsqu'il veut changer
De climat, de verger,
Chez nous vient loger,
S'il prête un serment,
(Civique s'entend)
Il peut presque pour rien
Etre citoyen.

Ceux qui sont nés français
Chez les turcs, les anglais,
S'ils viennent quand on les appelle,
Ce beau zèle
Sans modèle

Les fait entrer soudain
Au Sénat clémentin.

Il est maint moyen
De perdre pour rien
Ce nom de citoyen
Notre unique bien,
Si chez l'étranger
On alloit loger,
Ou si sans raison
On portoit un cordon.

Forme du serment civique.

Air : *Réveillez-vous, belle endormie.*

Je crains, je respecte et j'estime
Et la nation et la loi,
Pour la raison et pour la rime,
J'aime et respecte mon bon roi

Air : *A la façon de Barbari.*

Des autres constitutions
        La nôtre est le modèle ;
On l'admire chez les hurons,
        Tant elle paroît belle.
Qu'elle a bon air, bonnes façons !
La faridondaine, la faridondon !
Je lui serai fidèle aussi,
                Dieu merci,
A la façon de Barbari,
                Mon ami.

Inviolabilité des propriétés.

Air : *Monsieur le prévôt des mar-*
                chands.

Les biens & les propriétés
En tous lieux seront respectés :

Si les chasseurs de Robespierre
Brûloient un châtel élégant,
Nous dirions au propriétaire:
Nous vous plaignons sincèrement.

Les biens et les propriétés
En tous lieux seront respectés :
Mais nous prendrons sans nul
   scrupule
Tous les biens du clergé romain,
Nous prendrons même la cellule
De la none & du capucin.

Les biens et les propriétés
En tous lieux seront respectés ;
Mais les charges que l'on sup-
   prime,
Nous ne les rembourserons pas.
Croit-on payer ceux qu'on opprime
En leur donnant des assignats ?

La souveraineté dévolue au peuple.

Air : *Le saint craignant de pécher.*

Nous conserverons le roi
    Par pure décence,
Le peuple fera la loi
    Par toute la France :
Lui seul enfin régnera
Et pour toujours il aura
        Le pou, pou. pou, pou,
        Le voir, voir, voir, voir,
            Le pou, pou,
            Le voir, le voir.
Le pouvoir suprême
Et le diadême.

Air : *Qu'en voulez-vous dire?*

De ce peuple devenu roi
Vous bénirez le doux empire ;
S'il vous pend sans savoir pour-
quoi,
Gardez-vous de le contredire.
Parlez-lui quand il pillera,
Sans rougir il vous répondra
Ma volonté seule est ma loi,
   Qu'en voulez-vous dire ?
   Qu'en voulez-vous dire ?
Ma volonté seule est ma loi,
Ne suis-je pas le maître, moi

Distribution du pouvoir législatif et du pouvoir exécutif.

Air : *On compteroit les diamans.*

Si du pouvoir législatif
S'empare notre aréopage,
Celui qu'on nomme exécutif
Est du bon peuple le partage ;
De Louis qui nous fit la loi
Ainsi changera l'existence ;
Il aura le vain nom de roi,
Et nous en aurons la puissance.

Le gouvernement reconnu mo-
narchique.

Air : *Tu croyois en aimant Colette.*
(du Mari Retrouvé)

Cet état jadis monarchique ,
En dépit de Louis Bourbon ,
Ne sera qu'une république
Pour plaire au jacobin Pétion.

Permanence de l'assemblée na-
tionale.

Air : *Mon honneur dit que je serois*
coupable. (des Amours d'été)

Notre Sénat qui changea tout en
France

Sent qu'il n'est point un Sénat
immortel,
Mais en disant qu'il veut sa per-
manence,
Il prouve au moins qu'il veut être
éternel.
Qu'on juge enfin avec quel doux
murmure,
Les Députés par-tout seront reçus,
Si parmi nous chaque législature
En assignats convertit les écus.

Air : *Il n'est qu'un pas du mal au
bien.* (du Roi et le Fermier)

Mais si, remontant sur son trône
Et reprenant bien-tôt ses droits,
Louis à nos douze cents rois

Faisoit quitter sceptre et cou-
   ronne ,
Je n'en serois surpris en rien ,
Il n'est qu'un pas du mal au bien.

Qualités requises pour être Député.

Air : *Que ne suis-je la fougère.*

Du sublime aréopage
Pour devenir Sénateur,
Il faudra, suivant l'usage ,
Etre d'abord électeur.
Instruit ou non, l'on peut être
Du sénat législatif ,
Si l'on se fait reconnoître
Pour un citoyen actif.

Tenue et régime des assemblées primaires et électorales.

Air : *En quatre mots je vais vous conter ça.* (des Amours d'été.)

Quand il faudra
Remonter le sénat ,
Alors chacun par-ci , par-là ,
Pour être élu viendra
Dans une superbe salle
Qui ne sera pas trop sale ;
On s'assemblera,
On choisira
Tous ceux que l'on croira
Dignes d'être en état
De réformer l'état ;
Puis après cette farce-là ,
Chacun défilera.

Obligation de prêter le ser-
ment en entrant à l'assemblée
nationale.

Air : *Je l'ai planté, je l'ai vu naître.*

D'abord il faudra que l'on jure,
Dès que l'on sera sénateur ,
Pour s'accoutumer au parjure,
Car le parjure est en honneur.

Air : *Nous sommes précepteurs d'a-*
mour.

Nous le disons publiquement,
Et sans crainte que l'on en glose,
Il vaut mieux prêter un serment
Que de prêter toute autre chose.

Inviolabilité des députés.

Air : *Tous les Bourgeois de Chartres.*

Sénateurs respectables ,
Sages représentans ,
Soyez inviolables
En tous lieux , en tous sens.
Jalouses d'un tel droit , vos com-
pagnes aimables
Prudemment vous imiteront
Et par pudeur elles sauront
N'être plus violables.

*Indivisibilité de la royauté,
et délégation d'icelle à la
famille régnante.*

Air : *Ma pantoufle est trop étroite.*

Nous n'aurons qu'un roi
Pour gouverner cet empire ,
Nous n'aurons qu'un roi
Pour mettre en vigueur la loi.
Louis le sera
Pour la forme, c'est-à-dire ,
Louis le sera ,
Tant que cela nous plaira.

Exclusion perpétuelle des femmes à la couronne de France.

Même air.

Les femmes jamais
Ne porteront la couronne ;
Les femmes jamais
Ne régiront les français ;
Elles ont déjà
Le pouvoir qu'amour leur donne ,
Et ce pouvoir-là
Des autres dispensera.

Nécessité de jurer pour être roi de France.

Air : Du serin qui te fait envie.

D'après notre moderne code,

Chacun a dû voir clairement
Que le serment est à la mode,
Et que rien n'égale un serment ;
Aussi pour régner sur la France
Le roi doit faire un gros juron,
Afin d'avoir la confiance
De sa jurante nation.

Le refus de jurer regardé com-
me abdication.

Air : *Du haut en bas.*

Du haut en bas
On traiteroit le roi lui-même,
Du haut en bas
Si jurer il ne vouloit pas.
On lui prendroit tout ce qu'il aime,
Et l'on mettroit son diadême
Du haut en bas.

*Déposition du monarque, lors-
qu'il se mettra à la tête
d'une armée contre la nation.*

Air : *Apprenez qu'une belle.* (du
printems)

S'il veut faire la guerre
Pour le plaisir de la faire,
S'il fait dans sa colère
Punir les jacobins
 Mutins
Et mille autres gredins ;
S'il nous fait sur nos terres
Par les troupes étrangères
Donner les étrivières,
 Eh bien,
 Il n'est plus rien.

*Déposition du monarque, lors-
qu'aprés être sorti du royaume, il n'y rentrera pas aprés
une proclamation du corps
législatif.*

Air : *Amusez-vous, jeunes fillettes.*

Pour suivre en tout point l'ordon-
 nance
Qu'un médecin lui prescrira,
Il pourra, non loin de la France,
Aller prendre les eaux de Spa.
Mais lorsqu'on le lui fera dire,
Soudain s'il n'a pas tout quitté,
Il perdra ses droits, son empire,
En allant chercher la santé.

*Entrée du monarque dans la
classe des simples citoyens
après son abdication ex-
presse ou légale.*

Air : *Vous l'ordonnez, je me ferai
connoître.*

Privé par nous du pouvoir monar-
    chique ,
Il ne sera qu'un simple citoyen ;
Mais il pourra, s'il n'est plus bon
    à rien ,
Avec Noël rédiger la Chronique,

Liste civile accordée au mo-
narque par la nation.

Air : *De la romance de Daphné.*

Pour l'agréable et l'utile,
Au monarque on donnera
Certaine liste civile
Qui fera crier Warville,
Et Desmoulins et Carra.

Air : *Des folies d'Espagne.*

Pour ameuter la classe la plus vile,
Les jacobins impudemment sauront
Attribuer à la liste civile
Tous les forfaits qu'en secret ils
payeront,

E

Minorité du roi jusqu'à l'âge de dix-huit ans accomplis, et nomination d'un régent pendant cette minorité.

Même air.

Tant que le roi sera chez sa nour-
rice,
Ou s'il n'a pas dix-huit ans accomplis,
Il lui faudra suivre en tout le caprice
De son régent qui nous sera soumis.

Les femmes exclues de la ré-gence.

Air : *De Malbrougk.*

Aucune citoyenne,
Que mon cœur, mon cœur a de
peine,
Aucune citoyenne
Régente ne sera.
Je sais bien pour cela
Quelle raison l'on a ;
Pour exclure la reine,
Que mon cœur, mon cœur a de
peine,
Pour exclure la reine
Cet arrêt l'on porta.
Le français si galant
auroit bien dû vraiment

Pour belle et bonne reine,
Que mon cœur, mon cœur a de
   peine,
      Pour belle et bonne reine
      Décréter autrement.

*Le nom du Dauphin changé
en celui de Prince Royal.
Ni lui, ni la reine-mère
ayant la garde de son fils,
ni le régent du royaume ne
peuvent sortir de France
sans perdre tous leurs
droits.*

Air : *Je suis né natif de Ferrare.*

Grâce à notre manie étrange,

De nom comme à présent tout
  change,
Celui du Dauphin nous changeons,
Prince-Royal nous le nommons. *bis.*
Ni lui, ni madame sa mère,
Ni son tuteur, ni son cher père
de France ne pourront sortir
Que pour n'y jamais revenir. *bis.*

*Rente apanagère accordée par
la nation aux fils puînés du
roi, lorsqu'ils auront vingt-
cinq ans accomplis, ou lors
de leur mariage.*

Air : *Chantez, dansez, amusez-vous.*

Du roi tous les autres enfans
N'auront pas le moindre apanage,

Mais si nous en sommes contens
Pour monter leur petit ménage ,
Nous pourrons leur faire cadeau
D'un fort joli petit trousseau.

Nomination des ministres ac-
cordée au Roi, et leur res-
ponsabilité. .

Même air.

Par bonté nous laissons au Roi
Le droit de choisir ses ministres ,
Mais ceux-ci recevront la loi
Des Jacobins, des autres cuistres ,
Et toujours nous les punirons
Des sottises que nous ferons,

Exercice du pouvoir législatif.

Air : *Je connois un berger discret.*

Nos sages sénateurs auront
  De nos loix la fabrique,
Et ce font eux feuls qui pourront
  Taxer l'impôt unique.
Ils feront mieux, car ils feront
  Et la paix et la guerre,
Et le roi, lorsqu'ils agiront,
  Les regardera faire.

Ils armeront, désarmeront
  Les escadres, les flottes,
Et très-souvent ils employeront
  Messieurs les sans-culottes ;
Sur chaque ministre ils auront

Une puissance entière,
Et le roi, lorsqu'ils agiront,
Les regardera faire.

De la sanction royale.

Air : *L'amour sans aucune con-
trainte.*

Il faut que le Roi Sanctionne
Tous les beaux décrets qu'on lui
      donne
Pour le bien de la nation ;
Si le *Veto* fut son partage,
Il l'obtint à condition
Qu'il n'en feroit aucun usage.

Relation du corps législatif avec le roi.

Air : *Le petit mot pour rire.*

Le pouvoir dit exécutif
N'est pas membre législatif,
Et cela va sans dire :
Mais pourtant lorsqu'il le voudra,
Dans notre sénat il pourra
Dire le mot (3 f.) pour rire.

De l'exercice du pouvoir exécutif.

Air : *Avec les jeux.*

Le roi sera le roi de France,
Et pourtant il ne sera rien ;

Mais comme une ombre de puis-
sance
Au moindre prince va tr's-bien,
On pourra lui laisser par grace,
Ou pour mieux dire par abus,
Le doux plaisir de voir sa face
Empreinte sur tous les écus. *bis*:

Le pouvoir exécutif tenu d'en-
voyer les loix faites par
l'assemblée nationale aux
corps administratifs et aux
tribunaux.

Air : *De la p'tit' poste de Paris.*

Nons ne voulons pas que le ro
Ait le droit de faire une loi ;

Mais celle que nous fabriquons ;
Il doit, puisque nous l'ordon-
  nons ,
Les envoyer en tous pays
Par la p'tit' poste de Paris.

Droit accordé au roi de signer
  avec toutes les puissances
  étrangères tous les traités
  de paix, de commerce et
  d'alliance.

Air : *De tous les capucins du*
  monde,

Le Roi ne pourra jamais faire
Sans votre aveu la paix, la guerre
Mais seul il aura désormais

Le joli droit par excellence
De signer les traités de paix,
Et de commerce et d'alliance.

La justice rendue gratuite-
ment.

Air : *Faut attendre avec patience.*

Quoique maintenant la justice
Va par-tout se rendre pour rien,
Méfiez-vous de son caprice
Et de plaider gardez-vous bien.
Depuis qu'en France l'on s'obs-
    tine
A changer les loix de Thémis,
Il est maint plaideur qui se
    ruine
En gagnant sa cause gratis.

Etablissement des jurés par toute la France.

Air : *Mon pere, je viens devant vous.*

Des jurés l'on établira
Dans tous les districts de la Fran-
ce ,
Et chacun d'eux distinguera
Le crime d'avec l'innocence ;   *bis*
Ils jugeront (*bis*) non l'action ,
Mais seulement l'intention.   *bis*

Etablissement d'un tribunal de cassation.

Air : *Accompagné de plusieurs autres,*

Nous allons avoir à présent
Un Tribunal toujours cassant

Nos sentences comme les vôtres ;
Ce tribunal intéressant
Ne portera nul jugement,
Mais il cassera ceux des autres.

Établissement d'une haute
cour nationale.

Air : Tous les bourgeois de Chartres.

Notre sénat instale
Dans les murs d'Orléans
La cour nationale
Pour juger les brigands ;
De plus ce tribunal, rempli de dé-
mocrates,
Pourra, pour mieux tuer le
tems,
Condamner quelques innocens,
S'ils sont aristocrates.

De la force publique.

Air : *De Joconde.*

Nos vaisseaux et nos régimens,
    Seront notre défense,
Lorsque des ennemis puissans
    Attaqueront la France.
Mais comme il faut que mainte-
    nant
    Tout change ici de face,
Le soldat va prendre le rang
    De l'officier qu'il chasse.

État actuel de nos armées.

Air : *Du curé de Pomponne.*

Si chez nous chaque régiment
À déserter s'empresse,
Doit-on s'occuper seulement
De cette gentillesse ,
Ah ,
Lorsqu'en France on a
Larira
Les héros de Gonesse (1) ?

---

(1) Les volontaires parisiens ,
qui se consacroient à la défense
de nos frontières , étoient alors
campés dans la plaine de Gonesse.

(84)

Si mainte brave nation
    Nous menace sans cesse,
Nous faut-il faire attention
    A cette gentillesse,
        Ah,
    Losqu'en France on a
        Larira
    Les héros de Gonesse?

*Renonciation de la nation
française à toutes sortes
de conquétes.*

Air : *On compteroit les Diamans.*

Nous ne voulons plus conquérir
Et renonçons à la victoire,
Un petit moment de plaisir
Vaut bien mieux qu'un siecle de
    gloire.

£

Nous sommes si las des combats ,
Des meurtres et des incendies ,
Que nous ne ferons pas un pas
Pour rattraper nos colonies.

Réflexion morale & philoso-
phique que bientôt on fera
sur la constitution fran-
çaise.

Air : *Colinette au bois s'en alla.*
(de Nicodême dans la lune)

A cette targinette-là (1)
On travailla

----

(1) Nom donné à la constitution française , à cause de M.

Par-ci , par-là ,
Ta la déridéra ,
Ta la déridéra.
Lorsque dans le monde elle entra
Tout bon citoyen l'admira ,
Ta la déridéra ,
Ta la déridéra.
Après ce petit succès-là ,
Par accident un jour creva

Target, un de ses principaux pères.
Quelques savans anatomistes ont
prétendu cependant que M. Target
étoit la mère et non pas le père de
la pauvre petite. J'aime mieux les
en croire sur leur parole que de
m'assurer , par moi-même , du
sexe du grave législateur.

La jeune follette,
Ta déridéra
Ta, la, la, la, la, la, la,
Ta la déridéra,
G'nia pas d'mal à ça,
Targinette,
G'nia pas d'mal à ça.

LES

DROITS DE L'HOMME,

Vaudeville constitutionnel.

Air : *De la croisée.*

Par le dieu d'amour inspiré,
J'ai chanté mes gentilles maî-
tresses ;
Et bientôt de gloire enivré,
Des districts j'ai chanté les
prouesses.
Ma muse enfin change de ton,

Mes amis, vous allez voir comme
Elle va dans cette chanson
    chanter les droits de l'homme.

Pour ces droits que l'on n'entend
    pas,
Chaque jour il naît des grabuges ;
Ah ! terminons ces vains débats,
En prenant nos femmes pour juges.
Alors du bonheur le plus doux
On jouira dans le royaume,
Les femmes savent mieux que nous
    Juger des droits de l'homme.

Sur ces droits si plus d'un pédant
A débité mainte sottise ;
Si l'un écrit, si l'autre pend,
Si celui-là nous dévalise ;
Ils ne veulent point par plaisir

De nos maux augmenter la
    somme,
Mais c'est qu'ils pensent tous agir
    Selon les droits de l'homme.

Ces droits, que fit notre sénat
Pour le bonheur de ma patrie,
Vont prêter un nouvel éclat
aux mouchoirs (1) de la Germa-
    nie.
Grâce à ce bon peuple allemand,
On pourra de Berlin à Rome
Se moucher fort commodément
    Avec les droits de l'homme.

––––––––––––––––––––––––––––––

(1) On sait qu'en Allemagne on
a fabriqué des mouchoirs sur les-
quels étoit imprimée la *déclaration
des droits de l'homme.*

LES

DROITS DE LA FEMME,

Vaudeville constitutionnel.

Air : *Je connois un berger discret :*

ou

Philis demande son portrait.

Pour mieux faire admirer ma
   voix
  Des oreilles civiques,
De l'homme j'ai chanté les droits
  En vers patriotiques ;

Mais ma faible muse bientôt
　　A dû changer de gamme,
Elle va dire un petit mot
　　Sur les droits de la femme.

Nous rendre toujours plus épris,
　　En fleurs changer nos chaînes,
Exercer sur nos cœurs soumis
　　Pouvoir de souveraines ;
Toujours nous plaire et nous
　　charmer,
　　Dès qu'amour nous enflamme,
Voilà ce qu'il nous fait nommer
　　Les beaux droits de la femme.

Aux femmes qui donna ces droits ?
　　La nature elle-même.
Des femmes nature fit choix
　　Pour notre bien suprême.

Contre ces droits, je le sais bien,
    Un mari ne déclame
Que dès l'instant qu'il ne peut
  rien
    Sur les droits de la femme.

Notre sénat de tout fait rien,
    Mais il nous régénère ;
Il régénère notre bien,
    Pour nous tirer d'affaire ;
Et craignant peu de s'attirer
    Bonne ou froide épigramme,
Il veut chez nous régénérer
    Jusqu'aux droits de la femme.

Pour mieux servir la nation,
    L'auguste aréopage
Va donner plus d'extension
    A son nouvel ouvrage.
Bientôt on verra parmi nous

(91)
Une volage dame,
Vingt fois par an changer d'épour,
Grâce aux droits de la femme.

Tous sont égaux, disent les loix,
Le beau sexe, au contraire,
Dit que chaque homme sur ces
    droits
Du plus au moins diffère,
Et contre nos droits sans raison
On l'entend qui déclame ;
Mais qui peut bien connoître à
    fond
Tous les droits de la femme?

LES EXPLOITS

DES JACOBINS.

Air : *Accompagné de plusieurs autres.*

Honneur au sénat clémentin,
Qui travaille soir et matin
Pour ses intérêts et les nôtres!
Et pour tout le bien qu'il a fait,
Ma muse lui doit un couplet,
Accompagné de plusieurs autres.

Pour se rendre utile à l'état,
Nous voyons que ce beau sénat

Garde ses biens, donne les nôtres ;
Je le trouve modéré, car
De nos biens il ne prend qu'un
    quart
Que bien-tôt suivront les trois
    autres.

Puissent Messieurs les Jacobins
De corps et d'esprit être sains,
Leurs jours sont utiles aux nôtres.
Bien souvent ils s'échauffent trop
En lâchant maint petit gros mot,
Accompagné de plusieurs autres.

Pour gagner force dix-huit francs,
Ils font de longs amendemens
Qui ne le cèdent point aux nôtres ;
Par ce moyen très-innocent,
Ils en ont encor pour un an,
Accompagné de plusieurs autres.

Ces Messieurs devroient prudem-
      ment
Ne plus haranguer si souvent
Pour leur repos et pour le nôtre ;
Ils ont tant de mal en effet
Qu'on voudroit que chaque décret
Ne fût jamais suivi d'un autre.

Que notre constitution,
Chère à toute la nation,
Fasse leurs plaisirs et les nôtres !
Elle aura le plus beau destin,
Ayant pour père un Jacobin,
accompagné de plusieurs autres,

Tout va renaître en ces cantons,
Et dans peu de tems nous serons
Riches comme feu les apôtres.
Bien-tôt nous aurons pour six
      blancs

Un assignat de trois cents francs,
Accompagné de tous les autres.

LE RÈGNE

DE LA FOLIE.

Air : *Regards vifs et joli maintien,*
(de Sargines).

Oui, croyez-moi, mes chers
    amis,
La folie est toujours en France,
Lisez nos lumineux écrits,
Ils attesteront sa présence,

(96)

Depuis mille ans et par de-là
Elle gouverne ma patrie.
Ballets , sermens, clubs, opéra,
Décrets, journaux *et cœtera* ,
    Qui fit tout cela?   *bis.*
    La folie.   *bis.*

Là bas on brûle des châteaux ,
Ici l'on chansonne et l'on danse ;
Les uns font de triste journaux ,
Les autres des plans de finance.
Il en de qui le desir
Est de voir en feu leur patrie,
Celui-ci cherche à la trahir ,
Celui-là voudroit l'asservir.
    Qui les fait agir ?   *bis.*
    La folie.   *bis.*

Dans l'histoire j'ai lu qu'un jour
Un roi , des bons rois le modèle ,

Fut pris au milieu de sa cour
Avec sa compagne fidèle.
Comme un captif on l'enmena,
Suivi d'une troupe en furie ;
Dans un palais on l'enferma,
Où nuit et jour on le garda,
    Qui fit tout cela ?   (*bis.*)
      La folie.   (*bis.*)

Puisqu'il faut que vous soyez fous,
Choisissez mieux votre folie.
Vous savez bien que parmi nous
La moins triste est la plus jolie,
N'ayez plus de goût étranger,
Renoncez à l'anglomanie ;
Elle a fait d'un peuple léger
Un peuple prêt à s'égorger ?
    Qui peut le changer ? (*bis.*)
      La folie.   (*bis.*)

LES AH, EH, HI, OH, HU,

O U

Les cinq Exclamations jacobites

Air : *Dans Paris la grand' ville.*

Messieurs, allons bien vîte
Au sénat jacobite ;   (bis.)
C'est-là que l'on médite
Le bonheur de l'état.
     Ah! ah! ah! ah!
Nous verrons Robespierre
Et Menou son confrère
Eloquemment y faire
L'éloge de Marat.
     Ah! ah! ah! ah!

D'Avignon ou bien d'Arle
Lorsqu'un Lameth y parle,   (*bis.*)
soit Alexandre ou Charle,
On est tout transporté.

     Eh ! eh ! eh ! eh !
Quand Gorsas s'y présente,
Jamais on ne plaisante,
Pas même alors qu'il vante
Sa rare probité.

     Eh ! eh ! eh ! eh !

Dans ce lieu respectable
Le plus fameux coupable,   (*bis.*)
Lorsqu'il tient bonne table,
Se fait plus d'un ami.

     Hi ! hi ! hi ! hi !
Chabroud à la justice
Vous ravit sans malice ;
Dites qu'il vous blanchisse,

Et vous serez blanchi.
    Hi! hi! hi! hi!

Maint auteur que l'on cite,
S'il n'est point Jacobite,   (*bis.*)
Malgré tout son mérite,
ne peut être qu'un sot.
    Oh! oh! oh! oh!
Il n'est qu'une ame abjecte
Qui craigne et qui suspecte
Un sénat qu'on respecte,
Dès qu'on sait ce qu'il vaut.
    Oh! oh! oh! oh!

Ce sénat qu'on redoute
Dont on veut la déroute, (*bis.*)
On l'aimera sans doute
Dès qu'il ne sera plus.
    Hu! hu! hu! hu!

Il faut de sa mémoire
Décorer notre histoire,
Et mettre notre gloire
A chanter ses vertus.
Hu! hu! hu! h !

CONFESSION
D'UN JACOBITE,
A MADAME LA NATION.

Air : *De la confession.*

LE JACOBITE.

JE viens devant vous,
A deux genoux,

L'ame contrite,
Dame nation ,
Vous faire ma confession.

LA NATION.

Qu'as-tu donc fait, mon cher Jacobite ?
Réponds-moi bien vîte.

LE JACOBITE.

J'aime les brigands ;
Depuis long-tems
Je les imite ;
Mes faits glorieux
Ont été vantés en tous lieux.

LA NATION.

Qu'as-tu fait de plus, cher Jacobite ?
Réponds-moi bien vîte.

LE JACOBITE.

Dans chaque bousin (1)
　　Soir et matin
　　J'allois sans suite ;
　　J'y faisois fracas ,
Et pourtant je ne payois pas.

---

(1) Ce terme de *bousin* n'est pas bien noble , mais il faut proportionner son style au personnage qu'on fait parler. On connoît l'aversion des Jacobites pour tout ce qui a un air de noblesse. Celui , dont il est ici question , renchérit encore sur ses augustes confrères.

LA NATION.

Qu'as-tu fait de plus, cher Jaco=
bite ?
Réponds-moi bien vîte.

LE JACOBITE.

Dans certain combat
Avec éclat
J'ai pris la fuite,
A jamais dût-on
Me traîter de lâche et poltron.

LA NATION.

Qu'as-tu fait de plus, cher Jaco=
bite ?
Réponds-moi bien vîte.

LE JACOBITE.

Voyant qu'on parloit
Et médisoit
De ma conduite,
Pour mes grands desseins,
Hypocrite alors je devins.

LA NATION.

Qu'as-tu fait de plus, cher Jaco-
bite ?
Réponds-moi bien vîte.

LE JACOBITE.

Bien-tôt le français
Crut que j'avais
Un grand mérite;
Car il me nomma
Pour figurer dans son sénat.

LA NATION.

Qu'as-tu fait de plus, cher Jacobite ?
Réponds-moi bien vîte.

LE JACOBITE.

J'ai pour mes dessseins,
Des Jacobins
Choisi l'élite,
Et pourtant je croi
Qu'ils valent encor mieux que
moi.

LA NATION.

Qu'as-tu fait de plus, cher Jacobite ?
Réponds-moi bien vîte.

LE JACOBITE.

De mes gens un jour
Contre la Cour
marcha l'élite ,
Et pourtant , hélas,
Mon projet ne réussit pas.

LA NATION.

Qu'as-tu fait de plus , cher Jacobite ?
Réponds-moi bien vîte.

LE JACOBITE.

Après l'action ,
Vers Albion
Je pris la fuite ,
Et je n'en revins
Que pour servir les Jacobins,

La Nation.

u'as-tu fait de plus, cher Jaco
bite ?
Réponds-moi bien vîte.

Le Jacobite.

Dame nation,
   Mais à quoi bon
   Dire la suite?
   Quand j'aurai tout dit,
Je n'en serai pas plus contrit.

COUPLETS

AUX FRANÇAIS.

Air : *O ma tendre musette !*

DE l'aimable folie
Prisez mieux les bienfaits,
La sombre anglomanie
Ne sied point aux français.
Soyez vifs et volages,
Gardez vos anciens goûts,
Je vous crois assez sages
Pour être toujours fous.

Vos districts, vos trompettes,
Vos graves députés,
Vos riches épaulettes,
Vos plans, vos arrêtés,
Vos tambours, vos gazettes,
Valent-ils, mes amis,
Une des chansonnettes
Que vous chantiez jadis ?

CHANSON
DIPLOMATIQUE
En l'honneur de M. Carra,
écrivain patriote.

Air : *Oui noir, mais pas si diable.*

OH ! c'est un bien grand hom-
    me
Que mon ami Carra !
Il faudroit plus d'un tome
Pour vous prouver cela,
Pour vous (*bis*) prouver cela,
Au Monomotapa,
En Chine, au Canada,
Dans la Grèce et dans Rome

Il est gens qu'on renomme,
Et que l'on prise comme
L'or au plus fin carat..
    Carra , Carra
Vaut bien mieux (*bis*) que cela.

Oh ! c'est un phénomène,
Si jamais il en fut !
Il bégayoit à peine
Qu'un Caton il se crut,
Qu'un Ca (*bis*) ton il se crut.
A trente ans il voulut
Mettre tout au rebut.
Ce foudre d'éloquence
Dit avec assurance
Qu'il rendroit à la France
Le plus brillant éclat.
    Carra ! Carra !
Rien de mieux (*bis*) que cela

Bientôt contre Calonne
Une lance il rompit,
Parlant mieux que personne,
Impôts et déficit,
Impôts (*bis*) et déficit.
Se croyant de l'esprit,
Sans cesse il écrivit.
Dans sa bibliothéque
Il commenta Sénéque,
Et puis l'histoire grecque (1)
Joliment il gâta.

-----

(1) M. Carra a traduit une histoire grecque anglaise, c'est-à-dire, que, pour la gloire de la nation, il a mis, en une espèce de français une histoire de la Grèce, faite en Angleterre.

Carra! Carra!
Rien de mieux (*bis*) que cela!

Puis après il compose,
Pour cent écus par an,
Un journal que pour cause,
On lit en se couchant,
On lit (*bis*) en se couchant.
Il y fronde à la fois
Les prêtres et les rois;
Et le folliculaire,
Par cette œuvre si chère,
S'est rendu nécessaire
Au clémentin sénat.
Carra! Carra!
Rien de mieux (*bis*) que cela!

Évêque (1) il voulut être

____

(1) Lorsque le curé, qu'on

Dans un Département,
Lui qui ne vaut peut-être
Un cu (*bis*) ré bas-normand.

———————————

venoit de nommer à l'évêché du département du Calvados, eut rétracté son serment, et que par conséquent, il eut renoncé à sa dignité d'évêque constitutionnel, M. Carra dit, dans une de ses feuilles : *Nommez-moi pour Evêque.* Il est vrai que M. Carra ajoute ensuite : *un patriote ferme et chaud, tel que l'abbé Fauchet, par exemple.* On voit que le *tel que l'abbé Fauchet, par exemple,* n'est-là que pour dérouter les gens malins, et que le *nommez-moi pour évêque* n'en reste pas moins. Quoi qu'il en

Malgré tous ses travaux,
Un autre au Calvados
Obtint la préférence.
Carra, pour que la France
Admirât sa science,
A Paris demeura.
            Carra ! Carra !
Rien de mieux (*bis*) que cela !

---

soit, M. Carra ne fut point évêque. Il doit cette petite mortifi-
cation à madame son épouse, qui,
amoureuse de lui depuis trente-
cinq ans & demi, s'est donné
beaucoup de mouvemens auprès
des membres du sénat Jacobite,
pour que son mari ne fût point
évêque avant qu'on n'eût décrété
le mariage des prêtres.

A la porte du (1) Louvre
Carra se présenta ;
Pour lui, loin qu'elle s'ouvre,
Soudain on la ferma,
Soudain (*bis*) on la ferma.
Il dit qu'il est Carra,
On répond à cela
Par maintes croquignoles ;

---

(1) Quoique ce fut aux Tuileries que cette aventure se passa, je n'ai pas cru devoir changer le mot *Louvre*, qui, comme bien d'autres, est là pour la rime. J'ai réfléchi qu'il étoit très-indifférent dans quel endroit M. Carra avoit été rossé, puisqu'il peut décemment l'être en tous lieux.

Par de grands coups de gaules,
On meurtrit ses épaules
Qu'un jour on marquera.
  Carra! Carra!
Rien de mieux (*bis*) que cela !

Mons Carra chez sa femme
Retourne au petit pas.
Il lui dit : « Ma chère ame,
« Tu vois mon piteux cas » !
« Tu vois (*bis*) mon piteux cas. »
Lors sa tendre moitié,
Par raison ou pitié,
A le soigner s'épuise,
Le change de chemise,
Même le clistérise
Sur son mince grabat.
  Carra! Carra!
Rien de mieux (*bis*) que cela!

Malgré tant d'aventures,
Le sublime Carra
De vomir des injures
Fait son unique état ,
Fait son (*bis*) unique état.
Il insulte les rois ,
Il foule aux pieds les lois.
Un tems viendra , je pense ,
Où l'écrivain en France ,
Qui prêche la licence ,
A la potence ira.
   Carra ! Carra !
Tu verras (*bis*) ce tems-là

LES DIX-HUIT FRANCS,

Vaudeville constitutionnel.

Air : *Chanson , chanson.*

Pour les dix-huit francs qu'on
lui donne ,
Plus d'un député déraisonne
A tous momens.
Dans ce sénat que va-t-il faire ?
Il va gagner, à l'ordinaire ,
Ses dix-huit francs.

Pour dix-huit francs on peut,
en France,
Devenir homme d'importance

Sans grands talens;
On peut tout faire, on peut tout
dire,
Et même détruire un Empire
Pour dix-huit francs.

Pour dix-huit francs un Robes-
pierre
Ne cesse de jeter la pierre
Aux rois, aux grands :
Des traits malins on lui décoche,
Il s'en rit pourvu qu'il empoche
Ses dix-huit francs.

Pour dix-huit francs, Cochon,
Labète
Approuvent du cul, (1) de la tête

______

(1) L'expression n'est pas

Les opinans ;
Ils ne disent rien, et pour cause,
Car il faut faire quelque chose
Pour dix-huit francs.

Par le secours de la canaille
A-t-on commis, fût-ce à Ver-
saille,
forfaits crians :
Mons Chabroud vous blanchit
bien vîte ;
Mais il ne vous en tient pas quitte
Pour dix-huit francs.

---

bien noble, mais elle n'en est
que plus civique. J'ai cru devoir
rendre, par une tournure nationale,
les décisions *par ussir et veve.*

Ce député, jadis si mince,
Qui n'avoit pas, dans sa province,
    Même six blancs ;
Depuis qu'il renverse la France,
Plus de vingt fois par jour dépense
    Ses dix-huit francs.

S'il faut, dans notre aréopage.
Faire entendre, suivant l'usage,
    Des juremens ;
S'il faut crier à perdre haleine,
Je ferai tout cela sans peine
    Pour dix-huit francs,

PROMENADE

CIVIQUE

De l'incomparable M. Voidel
au bois de Boulogne.

L'ILLUSTRE M. Voidel ,
ce sage législateur , ce digne ex-
préfident du comité des recher-
ches , cet homme étonnant qui
possède au suprême dégré l'utile
talent des dénonciations, pro-
menoit dernièrement son patrio-
tisme et sa probité dans les al-
lées verdoyantes du bois de Bou-

logne. Ses opérations jacobitico-
nationales , sa gloire et ses vertus vinrent tout-à-coup se présenter à son esprit , et le plon-
ger dans une rêverie délicieuse
qui dégénéra bientôt en un en-
thousiasme patriotique. Il ne put
alors s'empêcher de raconter aux
échos d'alentour quelques frag-
mens de sa vie passée , présente
et future ; ce qui faisoit le plus
joli petit monologue possible ;
mais ce joli petit monologue se mé-
tamorphosa soudain en dialogue ;
et voici comme la chose arriva.

Une belle nymphe , ou pour
mieux dire , une divinité , se pro-
menoit dans la même allée ; elle
ne perdoit pas un mot de ce que

disoit M. Voidel, sans en être
aperçue : elle avoit eu la sage
précaution de s'envelopper d'un
léger nuage qui la déroboit à tous
les regards. On me demandera
peut-être quelle étoit cette divinité ? à cela je répondrai que
les jacobins la nommeront la cri-
tique, et les honnêtes gens la vérité. Comme j'aime beaucoup mieux
être du sentiment des honnêtes
gens que de celui des jacobins,
je donnerai donc à ma déesse le
nom de vérité, duffai-je être ap-
pelé menteur par le sénat Clémentin.

Toutes les jolies femmes ont
des caprices ; les déesses même
n'en sont pas exemptes. Le ca-

price de celle-ci étoit de ne pro-
noncer que trois syllabes, mais
qu'elle répétoit jusqu'à trois fois.
C'est du moins la petite niche
qu'elle fit à M. Voidel. Elle écou-
toit attentivement le respectable
législateur; elle attendoit même
qu'il eût fini sa phrase pour placer
ces trois syllabes, ce qui s'exé-
cutoit comme on va le voir :

M. VOIDEL.

Air : *Jardinier, ne vois-tu pas.*

J'ai de l'esprit et du goût,
Par-tout je l'entends dire;
Si l'on me vante beaucoup,
C'est que je suis propre à tout....

LA VÉRITÉ.
Détruire, détruire, détruire.

M. VOIDEL.

En tout lieu l'on doit savoir
Combien je suis aimable,
Et chacun, fier de m'avoir,
Donneroit tout pour me voir...?

LA VÉRITÉ.

Au diable, au diable, au diable.

M. VOIDEL.

Si je suis un fier-à-bras
Qui ne craint pas la brette,
C'est que dans tous mes combats
Avec grand succès je bats....

LA VÉRITÉ.

Retraite, retraite, retraite.

M. VOIDEL.

Dans ce pays agité
J'ai semé la discorde,
Mais aussi, sans vanité,
De lui j'ai bien mérité. . .

LA VÉRITÉ.

La corde, la corde, la corde.

M. VOIDEL.

J'ai gagné beaucoup de bien
Au doux métier de traître,
Et de tout bon citoyen
Je ne dois redouter rien......

LA VÉRITÉ.

Peut-être, peut-être. peut-être.

I

M. VOIDEL.

Comme on va parler souvent
De moi dans cet empire !
On dira certainement
Que j'ai le plus grand talent...

LA VÉRITÉ.

Pour nuire, pour nuire, pour nuire.

M. VOIDEL.

Paquette (1) est de bonne-foi,
Elle dit qu'elle m'aime :
J'en suis sûr, même je croi
Qu'elle n'aimera que moi....

LA VÉRITÉ.

Vingtième, vingtième. vingtième.

____

(1) Mademoiselle Paquette
La - Couture est la dulcinée de
M. Voidel.

M. VOIDEL.

Puisqu'à faire à tous la loi
Notre Sénat s'applique,
Je puis régner, par ma foi,
Ayant déjà l'air d'un roi....

LA VÉRITÉ.

De pique, de pique, de pique.

M. VOIDEL.

Non, je ne sépare en rien
Mes intérêts des vôtres,
Français, vous le savez bien,
Car je n'aime que le bien...

LA VÉRITÉ.

Des autres, des autres, des autres.

M. VOIDEL.

J'ai des louis, des écus,
Ma fortune est honnête;

J'ai des terres encor plus,
Et même un bois par-dessus....

LA VÉRITÉ.

La tête, la tête, la tête.

M. VOIDEL.

On dit qu'on brûle à ma voix
Les châteaux par douzaines ;
A peine depuis un mois
Si j'en ai fait brûler trois....

LA VÉRITÉ.

Centaines, centaines, centaines.

M. VOIDEL.

Enfin de notre bonheur
L'édifice s'achève ;
Comme je suis Sénateur,
Je mourrai comblé d'honneur...

LA VÉRITÉ.

En grève, en grève, en grève.

CHANSON

RÉPUBLICAINE.

Air : *Le saint craignant de pécher.*

Un soir disoit Condorcet
   A plus d'un confrère :
J'ai dans la tête un projet
   Qui pourra vous plaire.
Il nous faut, mes chers amis,
Etablir en ce pays
      Une ré ré ré
      Une pu pu pu
         Une ré
         Une pu

Une république
D'une forme unique.

Danton vouloit de Louis
        Porter la couronne ;
Mais bientôt à mes avis
        Danton s'abandonne ;
Car il pense comme moi
Que rien ne vaut mieux, ma foi,
        Qu'une ré ré ré
        Qu'une pu pu pu
            Qu'une ré
            Qu'une pu
        Qu'une république
        Bien démocratique.

On porte aux cieux un héros,
        Tant qu'il est utile ;
On jouit de ses travaux,

Ensuite on l'exile (1);
Cela n'est pas trop décent,
Mais c'est l'usage pourtant
    D'une ré ré ré , &c.

Sans craindre d'un importun
    Les discours infâmes ,
Nous mettrons tout en commun
    Jusques à nos femmes.
Si nous agissons ainsi,
C'est pour mieux saisir l'esprit
    D'une ré ré ré , etc.

---

(1) Rien de plus ingrat que les républiques. Que l'on consulte l'histoire et l'on verra que la plupart de leurs grands hommes ont payé de leur vie , de l'exil ou de la prison les services qu'ils avoient rendus à leurs concitoyens.

COUPLETS

CIVIQUES.

Air : *On compteroit les diamans.*

Nous jouissions d'un sort plus
    doux ,
Lorsque nous n'étions pas si sages;
Comme autrefois devenons fous ,
La folie est de tous les âges.
Pourquoi renoncer à jamais
Aux premiers charmes de la vie ?
Soyons soumis à nos décrets ,
Sans renoncer à la folie.

Rire de tout , soir et matin,
Est la bonne philosophie,
Rions du sénat clémentin
Qui veut enchaîner ma patrie.
Ah ! le premier des vrais talens
Est de bien jouir de la vie !
Nous ne vivons que deux momens,
Qu'il en soit un pour la folie,

L'EXPÉDITION
DE VINCENNES,

Ou relation exacte et véritable de l'entreprise de vingt mille brigands, soudoyés par le sénat clémentin, pour aller détruire, le 28 Février, le donjon et le château de Vincennes.

CHANSON NATIONALE.

Air : *Colinette au bois s'en alla.*
(De Nicodême dans la lune).

La troupe des brigands marcha,
Criant par-ci, jurant par-là,

Ta la déridéra,
Ta la déridéra.
Vers Vincennes elle s'avança,
Payée à grands frais pour cela.
Ta la déridéra,
Ta la déridéra.
—— Messieurs, où courez-vous
comm' ça ?
—— Nous allons dans ce p'tit bois-
là.
Nous mettre à l'ouvrage,
Ta déridéra,
La, la, la, la, la, la, la,
La ta déridéra.
—— Songez qu'il faudra
Du courage
Pour en venir là.

Pendant que tous ces messieurs-là

Pilloient par ci, brûloient par-là,
Ta la déridéra,
Ta la déridéra,
Monté sur son fringant dada,
La Fayette se présenta,
Ta la déridéra,
Ta la déridéra.
Il leur dit : mes enfans, cela
N'est ni décent, ni délicat,
Quittez votre ouvrage,
Ta déridéra,
La, la, la, la, la, la, la,
La ta déridéra,
Mais plus de fracas,
Ni pillage,
Et suivez mes pas.

Ces beaux messieurs, malgré cela,
Pilloient toujours par-ci, par-là,

Ta la déridéra ,
Ta la déridéra.
La Fayette enfin se fâcha ,
Avec les siens il s'avança ,
Ta la déridéra ,
Ta la déridéra ,
Et puis après il ordonna
Que sans tarder on entourât
La troupe indiscrette.
Ta déridéra ,
La , la , la , la , la , la , la ,
La ta déridéra.
Gn'ia pas d'mal à ça ,
La Fayette ,
Gn'ia pas de mal à ça.

Mais tandis que ces brigands-là
Tiroient par-ci , tuoient par-là ,
Ta la déridéra ,

Ta la déridéra,
Le brave la Fayette entra
Dans la tour dont il s'empara ;
Ta la déridéra,
Ta la déridéra.
Avec sa troupe il y monta,
Il fit captifs tous ces gens-là
D'un air très-honnête,
Ta déridéra,
La, la, la , la , la , la , la
La ta déridéra.
Gn'ia pas d'mal à ça,
La Fayette,
Gn'ia pas d'mal à ça.

Après cette victoire-là
On s'en revint par ci , par là ,
Ta la déridéra,
Ta la déridéra,
Et quand la Fayette arriva ,

Maint bon citoyen lui chanta ;
Ta la déridéra ,
Ta la déridéra.
On dit que depuis ce tems-là
Paris enchanté de cela ,
Sans cesse répète :
Ta déridéra ,
La, la, la, la, la, la, la ,
La ta déridéra ,
Fais toujours comm' ça ,
La Fayette ,
Fais toujours comm' ça.

CHANSON CIVIQUE.

Air : *On doit soixante mille francs.*

LE Français si charmant jadis ,
A fait fuir les jeux et les ris ,

C'est ce qui me désole ;
Mais il est inconstant, léger,
En un moment il peut changer,
C'est ce qui me console.

Que d'Orléans quitte Albion,
Sans nous en dire la raison,
C'est ce qui me désole ;
Mais bientôt il aura raison
De retourner en Albion,
C'est ce qui me console.

Nous n'avons plus de grands au-
teurs
Pour célébrer nos sénateurs,
C'est ce qui me désole ;
Mais il nous reste Audoin, Au-
gnat,
Garat, Gorsas, Carra, Marat,
C'est ce qui me console,

Ainsi qu'un criminel d'état,
On veut traiter l'ami Marat,
    C'est ce qui me désole;
Mais il ne forge des écrits
Qu'afin de ne point faire pis,
    C'est ce qui me console.

On nous dit que les ennemis
veulent entrer dans ce pays,
    C'est ce qui me désole;
Mais nous avons pour défenseurs
De la bastille les vainqueurs,
    C'est ce qui me console.

Tous les jours de nouveaux écrits
l'on est inondé dans Paris,
    C'est ce qui me désole;
De ces écrits qu'on ne lit point
On peut se servir au besoin,
    C'est ce qui me console.

k

LES JACOBINS

ET

LES CAPUCINS.

VAUDEVILLE PATRIOTIQUE.

Air : *Chansons , Chansons.*

IL est deux partis dans la France,
L'un a fixé sa résidence
    aux Jacobins;
Et l'autre, errant dans cette ville,
Peut à peine avoir un asyle
    Aux Capucins. (1)

______

(1) Le côté droit de l'assemblée

L'un voudroit de la Rome antique
Parodier la république
        Aux Jacobins ;
L'autre, aimant le pouvoir unique,
Tient beaucoup pour le monarchi-
        que
        Aux Capucins.

Tous sont égaux, Laquais et Maî-
        tres ,
Ducs et barbiers, catins et prêtres
        Aux Jacobins.
On ose entre eux , par ignorance ,
Etablir une différence

nationale , à l'instar des Jacobins,
avoit voulu s'assembler aux Capucins , mais on lui dépêcha le régiment des sans-Culottes qui le fit
renoncer à ce projet.

Aux Capucins.

On dissout , on crée , on réforme ,
On change tout de nom, de forme
    Aux Jacobins ;
Mais par une paresse extrême ,
On n'ose pas faire de même
    Aux Capucins.

Son estime n'est point suspecte ,
Lorsque le bon peuple respecte
    Les Jacobins ;
Et c'est sa douceur ordinaire
Qui le porte à jeter 'a pierre
    Aux Capucins.

On veut que de l'anglomanie
Bientôt nous ayons la manie
    Aux Jacobins ;
Notre heureuse et franche folie,
A son aspect, se réfugie
    Aux capucins.

Chez nous égalité parfaite
Va régner , puisqu'on le décrète
  Aux Jacobins ;
Car ce sénat, que l'on révère,
De nous en peu de mois va faire
  Tous Capucins.

Nous ne craindrons plus , je l'es-
   père ,
De donner notre numéraire
  Aux Jacobins ;
Quand les assignats d'un grand
  homme
Nous aurons rendu riches comme
  Des Capucins.

Pour moi qui chansonne sans cesse,
Je suis loin d'avoir la sagesse
  D'un Jacobin ;

Enfant gâté de la folie,
Je ne serai toute la vie
Qu'un Capucin.

LES CHEMISES

A GORSAS,

OU

*L'arrestation de Mesdames,
Tantes du Roi, à Arnay-
le-Duc.*

GORSAS avoit dit, dans son Journal, que les chemises de Mesdames lui appartenoient. Les patriotes de province qui lisent exactement le *Courrier dans les quatre - vingt - trois Départemens ,* crurent de bonne foi que Mesdames avoient emporté les chemises de Gorsas. L'estime, que l'on a conçue pour les écrits de ce grand homme, fait que l'on prend même intérêt à tout ce qui lui appartient, et notamment à ses chemises.

Les habitans d'Arnay , ci-devant le Duc, instruits de cette aventure, et sachant que Mesdames devoient passer par leur ville, s'assemblèrent et décidèrent qu'il falloit les arrêter à leur passage, pour leur faire rendre les chemises qu'elles avoient dérobées au folliculaire Gorsas. A peine cette

civique résolution est-elle prise,
que l'on voit entrer dans la ville
les deux tantes du roi avec toute
leur suite ; on les arrête de la
part de la nation et de Gorsas,
on les fait descendre de voiture, et
les officiers municipaux avec leurs
habits noirs, leur gravité, leurs
écharpes, leur civisme, et leurs
perruques, disent à Mesdames :

Air : *Rendez-moi mon écuelle de bois.*

DONNEZ-NOUS les chemises
   A Gorsas,
Donnez-nous les chemises.
Nous savons, à n'en douter pas,
Que vous les avez prises.

Donnez-nous les chemises
A Gorsas ,
Donnez-nous les chemises.

Madame Adélaïde , étonnée d'un
tel propos , répond sur le même
air que ces Messieurs de la Municipalité.

Je n'ai point les chemises
A Gorsas ,
Je n'ai point les chemises.
Cherchez , Messieurs les Magis-
trats ,
Cherchez dans nos valises.
Je n'ai point les chemises
A Gorsas ,
Je n'ai point les chemises.

Madame Victoire dit à son tour:

Avoit-il des chemises
    Gorsas ?
Avoit-il des chemises ?
Moi je crois qu'il n'en avoit
    pas,
Où les auroit-il prises ?
Avoit-il des chemises ,
    Gorsas ?
Avoit-il des chemises ?

MM. Les Municipaux , qui connoissent de réputation les chemises de l'écrivain Gorsas , répondent avec une gravité toute municipale :

Il en avoit trois grises ,
    Gorsas ,

Il en avoit trois grises ,
Avec l'argent de son fatras
Sur le pont neuf acquises ;
Il en avoit trois grises
          Gorsas ,
Il en avoit trois grises.

La Municipalité se mit alors en
devoir de fouiller dans les malles
de Mesdames en disant :

Cherchons bien les chemises
          A Gorsas ;
Cherchons bien les chemises.
C'est pour vous un fort vilain cas ,
Si vous les avez prises ;
Mais où sont les chemises
          A Gorsas ,
Mais où sont les chemises?

Enfin ne pouvant distinguer, parmi tant de chemises, lesquelles appartenoient à Gorsas, et les tantes du roi, persistant à nier qu'ell s eussent dérobé celles de ce grand homme, la Municipalité d'Arnay, ci-devant le duc, accorda à Mesdames la permission de continuer leur voyage, après les avoir cependant retenues prisonnières l'espace de dix jours. O liberté......

CHANSON

NATIONALE,

DÉDIÉE AU BON PEUPLE,

Air : *Vous qui d'amoureuse aven-*
ture. (De Renaud d'Ast).

O vous, qu'au pillage on excite
Et qu'on trompe soir et matin !
Allez au sénat jacobite,
On vous chantera ce refrein :
     « Souffrez,
     » Endurez,
     » Espérez ;

» Espérez sans cesse;
   » Toujours unis,
» Aux jacobins soyez soumis,
» Alors vous verrez l'allégresse
» Renaître au milieu de Paris.

  » Gardez-vous d'avoir du scru-
    pule,
» Le scrupule est fait pour les sots,
» Et nous allons sans préambule
» Dire quels seront vos travaux.
   » Volez,
   » Démeublez,
   » Et brûlez,
  » Et pillez sans cesse;
   » Ne craignez rien,
» Notre club vous défendra bien,
» Il sait prouver avec adresse
» Qu'un forfait ne lui coûte rien,

» C'est une erreur bien populaire
» D'aimer, de respecter son roi.
» Sachez qu'à nous seuls il faut
plaire ,
» Puisque seuls nous faisons la loi.
» Louis ,
» Ses amis ,
» Et son fils ,
» Et son fils qu'il aime ,
» A nos genoux
» Seront forcés de tomber tous ;
» Car bientôt le pouvoir suprême
» Ne sera confié qu'à nous.

O vous , bon peuple qu'on
égare ,
Et dont je plains l'affreux destin !
C'est ainsi qu'un sénat barbare
Vous met les armes à la main
Hautain ,

Inhumain,
Assassin,
Il voudroit vous rendre;
Dans ses projets,
Croyez-moi, ne trempez jamais,
Et songez bien vîte à reprendre
L'aimable enjoument des français.